www.kidkiddos.com
Copyright©2015 by S.A.Publishing ©2017 by KidKiddos Books Ltd.
support@kidkiddos.com

All rights reserved. No part of this book may be reproduced in any form or by any electronic or mechanical means, including information storage and retrieval systems, without written permission from the publisher or author, except in the case of a reviewer, who may quote brief passages embodied in critical articles or in a review.

Todos los derechos reservados. Ninguna parte de este libro se puede utilizar o reproducir de cualquier forma sin el permiso escrito y firmado de la autora, excepto en el caso de citas breves incluidas en reseñas o artículos críticos.

Second edition, 2019

Library and Archives Canada Cataloguing in Publication
Boxer and Brandon (Spanish Edition)
ISBN: 978-1-5259-1814-8 paperback
ISBN: 978-1-77268-644-9 hardcover
ISBN: 978-1-77268-642-5 eBook

Creado por Inna Nusinsky

Ilustraciones de Gillian Tolentino
Traducido del inglés por Laia Herrera Guardiola

Hola, me llamo Boxer. Soy un boxer. Un tipo de perro llamado boxer. ¡Encantado de conocerte! Esta es la historia sobre cómo conseguí mi nueva familia.

Todo empezó cuando yo tenía dos años.

No tenía casa. Vivía en la calle y comía de la basura. La gente se enfadaba bastante conmigo cuando volcaba sus cubos de basura.

—¡Vete de aquí!—, me gritaban. ¡A veces tenía que escaparme muy deprisa!

Vivir en la ciudad puede ser duro.

Cuando no estaba buscando comida, me gustaba estar sentado y mirar a la gente caminar por la acera.

A veces miraba a la gente con ojos tristes y ellos me daban comida.

—Oh, ¡qué perrito más mono! Aquí, toma un bocado—, me decían.

Un día, un niño y su papá caminaban hacia mí.

—¿Cómo está ese bocadillo de mantequilla y mermelada, Brandon?—, preguntó el papá del niño.

¡El bocadillo tenía muy buena pinta!

Yo puse ojos tristes. El niño se paró mientras sujetaba su bocadillo. Yo estaba a punto de comer un poquito, cuando…

—¡Brandon, no des de comer a ese perro! Él vendrá en busca de más—, exclamó su papá. Brandon apartó el bocadillo.

Casi...¡Pude oler la mantequilla! ¡Los padres nunca quieren compartir conmigo!

Yo gemí de la forma más triste que pude mientras ellos se alejaban.

Después de eso, decidí echarme una siesta. Estaba teniendo un sueño fantástico.

Estaba en un parque y ¡Todo estaba hecho de comida! ¡Había árboles bistec! Fue el mejor sueño que nunca había tenido.

Pero algo me hizo despertar. ¡Justo delante de mí había un trozo de bocadillo! Me puse de pie y lo engullí.

¡Mmmmm! ¡Estaba riquísimo! Justo como en mi sueño.

—Chss—, dijo Brandon. —No se lo cuentes a Papá. Que niño tan majo, pensé para mí mismo.

Día tras día, Brandon vendría a visitarme y a darme un bocado. Hasta que un día...

—Date prisa, Brandon. Llegarás tarde a la escuela—, dijo el papá de Brandon.

—¡Ya vengo!—, gritó Brandon mientras corría y dejaba caer una bolsa marrón en la acera.

Me acerqué husmeando a la bolsa y mire dentro. ¡Estaba llena de comida!

Estaba a punto de comérmelo todo cuando pensé en algo. Brandon siempre me trae comida cuando tengo hambre. Si me como su almuerzo, entonces él tendrá hambre.

—¡Ya vengo, Brandon!—, aullé.
Él y su papá se fueron calle abajo.
Yo corrí detrás de ellos con la
bolsa marrón en la boca.

Al pasar por un callejón, vi a un gato. ¡Odio a los gatos! Me olvidé de mi misión y dejé caer la bolsa.

—¡Guau, vete de aquí, gato!—, ladré.

Entonces me acordé de la comida de Brandon. ¡Tendría hambre si yo no le llevaba su almuerzo!

Fue duro, pero me olvidé del gato. Recogí la bolsa marrón de nuevo y empecé a correr.

Más abajo de la calle, me detuve de nuevo. ¡Una carnicería!

Había trozos de carne y salchichas colgando por todas partes. Mmmmm...

¡Un momento! ¡Tenía que llevar a Brandon su almuerzo o iba a tener hambre!

Fue duro, pero me olvidé de la comida. Cogí el almuerzo y empecé a correr de nuevo.

Giré en una esquina y me detuve. Había otro perro moviendo la cola.

—Hola, ¿quieres jugar?—, ladró.

—¡Claro que sí!—, contesté. —Oh, espera, justo ahora no puedo. Tengo que llevar a Brandon su almuerzo.

Fue duro, pero me olvidé de jugar. Cogí el almuerzo y empecé a correr de nuevo.

Podía ver la escuela, y ¡ahí estaba Brandon con su papá! Corrí tan deprisa como pude.

Me detuve en frente de Brandon y dejé caer la bolsa del almuerzo en la acera. ¡Justo a tiempo!

—Mira, papá, ha traído mi almuerzo!—, exclamó Brandon.
—¡Vaya, claro que sí. ¡Eso es increíble!—, dijo su papá. Los dos me dieron palmaditas en la cabeza.

Brandon estaba contento y también lo estaba su papá.

De hecho, su papá estaba tan contento que me llevó a casa. Me dio un baño. ¡Me dio comida!

Ahora cuando Brandon y su papá salen a pasear, yo camino a su lado. Y cuando van a casa, ¡yo voy a casa con ellos!

¡Me gusta mi nueva casa y quiero a mi nueva familia!

www.ingramcontent.com/pod-product-compliance
Lightning Source LLC
Chambersburg PA
CBHW061134070526
44584CB00033B/4320